EL PROFETA

KAHLIL GIBRAN

EL PROFETA

Prólogo de Rupi Kaur

Traducción de Andrea Cote

Relatos

ƆIANA

Índice

Prólogo

«Llegaron y se fueron», dice mi padre sobre los últimos cincuenta años de su vida.

Cierro los ojos y lo imagino con quince años. Está en el pueblo de su familia en la rural Punyab, correteando por esos angostos y serpenteantes callejones. En ocasiones, persigue a sus amigos. De vez en cuando, escapa a la paliza de un primo o de un hermano mayor. Otras veces se apresura al campo con comida caliente para su padre y su abuelo. Y luego un día corre para salvar la vida.

Durante un tiempo que le parece infinito, no deja de correr. Aquellos serpenteantes callejones que eran su hogar ya no lo quieren. Meses después, por fin logra salir de las fauces de ese país. Llega a la puerta de un país nuevo dispuesto a conferirle estatus de refugiado. Me pregunto qué quería hacer de su vida antes de que las circunstancias políticas lo cambiaran todo.

Me pregunto qué pensaría aquel joven del hombre curtido que es hoy.

Pero no le hago esa pregunta. Temo que la respuesta me descomponga. En vez de eso, la busco en las historias que nos ha contado desde que éramos niños, cuando nos reunía en torno a la diminuta sala de estar de nuestro piso, que se encontraba en un sótano. Aquellas noches éramos testigos de la banda sonora de su caótica vida. Eran los únicos momentos en que aquel hombre severo y endurecido dejaba traslucir una pizca de vulnerabilidad. Solía cantar *shabads* sijs, poesía sufí, sus *qawwalis* favoritos. Mi padre amaba a los inconformistas espirituales y a los agitadores históricos. Así que, naturalmente, Farid, Nanak y Nusrat estaban siempre presentes en nuestra sala de estar. Hablaba de cartas de amor que jamás hubiéramos imaginado que pudiera escribir a nuestra madre. Recitaba largos soliloquios sobre revoluciones que le habían quitado los mejores años de su vida y sobre gobiernos que le habían arrebatado a sus mejores amigos. Y durante esos momentos en que sus palabras no podían expresar el peso de lo que había tenido que soportar, dejaba que *El profeta*, de Kahlil Gibran, hablara por él.

Entonces ni me imaginaba que esos relatos que compartía mi padre aquellas noches informarían un buen día mi escritura. En aquellos primeros días, aún no había ni soñado con la posibilidad de convertirme en poeta. Más bien rezaba para que mi padre dejara de hablar de Gibran y así pudiera seguir viendo la tele, actividad más adecuada para mi yo de siete años.

Pasaron los años y no hice caso de *El profeta*. Pero cuando algo está escrito, el universo conspira para que ocurra. Aquel libro se las arregló de algún modo para volver a mí. Fue un caluroso día de verano, y yo estaba en la biblioteca del barrio con mis hermanas. Ellas se fueron a ver las cintas de vídeo y yo me propuse dar una oportunidad a los audiolibros. Mientras iba hacia ellos tuve que pasar por un grupo de mesas y sillas dispuestas para la lectura y el estudio. Mi mirada se posó en algo que había sobre uno de los escritorios. Era un libro, solitario, abierto y boca bajo, como si alguien hubiera estado leyéndolo y hubiera tenido que salir de pronto. Se lo veía solo, y algo dentro de mí gravitó hacia esa soledad. Tuve una sensación de familiaridad sin ningún indicio de lo familiar. Lo cogí por donde lo había dejado su último lector, y leí:

Tu alegría es tu dolor sin máscaras...

Hay quienes dicen: «La alegría es mayor que la tristeza», y otros que afirman, «no, la tristeza es mucho mayor».

Pero yo os digo que son inseparables. Vienen juntas, y si alguna de las dos está sentada a tu mesa, es porque la otra duerme en tu cama.

Esas han sido las palabras más fundamentales de mi vida. Recuerdo que algo cambió en mí al leerlas. Aquel día en la biblioteca, *El profeta* se convirtió en mi confidente y consejero. Porque no decía que la vida iba a ser fácil. Admitía que la vida es difícil. Pero el universo nos ha dotado de las herramientas necesarias para superar esas dificultades. Puede que mi padre no tuviera tan mal gusto al fin y al cabo. Desde ese día, he leído *El profeta* más veces de las que puedo contar. He tenido y he regalado decenas de ejemplares. Y siempre llevo uno en mi bolsa de viaje.

Creo que lo que trato de decir es: este libro me abrió el corazón de par en par. Y creo que hará lo mismo con el tuyo.

No hay fórmula para escribir algo que acabe en las manos de diez millones de lectores. He tenido que pensar largo y tendido qué fue lo que inspiró *El profeta* a Kahlil. Creo que lo que lo llevó a escribirlo fue su inmensa experiencia vital. Fue un cristiano maronita nacido en el Líbano, pero a los diez años ya era un inmigrante en Estados Unidos. Era un artista multidimensional. Dibujaba, pintaba, se implicó intensamente en la labor activista y luchó por la reforma política del Líbano. Fluctuó entre muchos mundos, siempre aprendiendo y no dándose nunca por satisfecho. Tal vez esas experiencias se presentaron juntas para dotarlo de la visión global necesaria para crear una obra con la que pudieran identificarse personas de todas partes.

Tengo una amistad que siempre bromea diciendo que este libro es como una biblia para el Otro del siglo xx. Difundió esperanza a un mundo cínico que aún temblaba tras la devastación de la Primera Guerra Mundial, ofreciendo un modelo de romanticismo en una era de posguerra despojada de romance, y después se convirtió en una musa para los soñadores de la década de 1960. Década tras década, *El profeta* se reinventa para convertirse en lo que necesitan sus lectores.

Te preguntarás dónde reside su magia. Cómo, pasados casi cien años, sigue tan fresco y relevante como siempre. ¿Por qué lo he leído decenas de veces? Porque no parece una lectura. Parece que esté escuchando mi canción favorita. Sus versos fluyen como fluye la música. Gibran entrevera misticismo y espiritualidad en cada frase. Siento mezclarse los ritmos sufíes, las inflexiones cristianas y el folclore árabe como un grupo de viejos amigos perdidos hace tiempo. Él es el director, las palabras son su orquesta, y él hace que bailen desde la página para aterrizar dulcemente sobre tu vientre.

Como poeta inmigrante del sureste asiático que escribe en su segunda lengua, a menudo pienso en los mundos distintos que yo misma habito. No solo en cuanto a los temas sobre los que escribo, sino en cuanto a *cómo* escribo. Gibran ha sido el centro de gran parte de esa curiosidad. Me enamora que su estilo literario jamás se ajustara a una sola época o un solo lugar. Dadas sus raíces libanesas, no era enteramente estadounidense, y no era enteramente libanés porque pasó la mayor parte de su vida en Estados Unidos. Al leerlo, siento a Rumi en su melodía, del mismo modo que siento a los trascendentalistas de su herencia novoinglesa. Su poesía difiere mucho de los estilos tradicionales que han dominado la literatura árabe y occidental. Gibran fue un puente entre esos dos mundos, y dominó la intemporalidad y la universalidad.

El profeta me dio permiso para penetrar en mi espíritu aún virgen y mis experiencias inéditas para convertirlos en arte. *El profeta*, y el hombre que hay detrás de él, liberaron a la poeta que llevaba dentro. Y cuando esa poeta se liberó, empezó a explorar la belleza y el dolor de los sentimientos de su padre al echar mano sin temor de aquellas conversaciones de sobremesa que había tenido con él.

Hoy aún escribo al son de las canciones folclóricas punyabíes con las que crecí. Los *shabads* sij que cantaba. Mis letras sufíes y *qawwalis* favoritos. Empaparme de mi herencia, a horcajadas entre mis dos mundos, no solo cambia el tono de lo que escribo y cómo lo escribo, sino que hace que me sienta en casa. Y yo solo soy una de entre los incontables escritores que se sienten así.

Desde aquellos primeros días en aquella minúscula sala de estar de nuestro piso en el sótano, el señor Gibran ha pasado de ser alguien a quien rehuía a convertirse en mi aliado y mentor.

Este libro no es solo para amantes de la poesía. Es para cualquiera que se pregunte de qué va esto que llamamos vida. Si buscas algo que te acompañe en los momentos más dolorosos de la vida pero que también te ponga los pies en el suelo durante sus grandes alegrías, ahora mismo tienes la respuesta en tus manos. Los poemas de estas páginas se convertirán en tu medicina y también en tu mentor. Y según te vayas haciendo mayor, también lo harán contigo sus palabras. A medida que evoluciones, también lo hará *El profeta*, que será lo que necesites que sea cuando lo necesites, tornándose en ancla, en salvavidas y en un amigo. Es un camaleón. Es tanto la oruga como la mariposa.

Si estás aquí por primera vez: bienvenido; te envidio.

Si ya has estado antes a los pies de estas puertas: me alegra verte de vuelta, viejo amigo.

RUPI KAUR

Nota de la traductora

En 1923 se publicó por primera vez en Nueva York *El profeta*, el más conocido libro del poeta de origen libanés Kahlil Gibran (Bisharri, 1883 – Nueva York, 1931). Desde su aparición, este breve compendio de sabiduría sobre la vida física y espiritual ha venido aunando lectores de todas las orillas lingüísticas y geográficas de nuestro mundo, hasta convertirse en uno de los textos más ampliamente traducidos y leídos de la literatura universal.

El profeta se compone de veintiséis fragmentos de prosa poética, originalmente escritos en inglés, a través de los que se escenifica el encuentro imaginario entre el pueblo de Orfalese y el profeta Almustafa. Luego de doce años de silencioso exilio y meditación, en el día de la partida, y ante la llegada inminente de su barco, el pueblo se dirige al místico sufí para pedirle que discurra sobre asuntos fundamentales de la existencia mundana como el amor, el matrimonio y los hijos, entre otros. Pero en tanto transcurre la jornada, un argumento más amplio se desprende de su reflexión, y entre los distintos momentos de la prédica va desplegando el profeta su visión unitaria del ser.

Mientras cada una de las secciones de este texto constituye una unidad temática en sí, cuyo argumento gravita alrededor de una imagen poética bien delineada, el libro en su conjunto insiste de diversas formas en la idea de la comunidad entre los seres y los elementos. Detrás de esta sencilla asociación palpita una propuesta ética de gran alcance, ya que, así como «una hoja no se vuelve amarilla ella sola, sino con el conocimiento silencioso del árbol todo», así los hombres no serán dueños de su libertad, ni verán sus necesidades satisfechas, hasta no entender que el bien propio depende de la experiencia colectiva.

Pero no es tan solo en sus ideas donde radica el poder y vigencia de este texto, sino, sobre todo, en su estilo poético característico. La sencillez y la simpleza de la formulación son de este autor su energía más cautivadora. Sostiene Mir Bahadur Mutasin, traductor de Gibran, que «su manera de escribir es viento». Sin duda lo es. En la cadencia transparente de sus versos reposa el don de cercanía con que estos se presentan al lector. Y al apoyarse en los giros del decir cotidiano, evita el poeta las formas y los tonos del sermón logrando presentarse, en cambio, como una suerte de espejo en el que su lector se reconoce. Sus palabras son así, antes que «lecciones», los ecos de un «saber semidormido y preexistente» que, al decir del poeta, constituye el único tipo de conocimiento que un hombre puede enseñarle a otro.

Acompaña a la cadencia ligera de estos versos el delicado y preciso repertorio de elementos con que surte el reino de sus imágenes. Como si a través de un alfabeto elemental intentara tocar la vértebra del mundo. Tal alfabeto se compone de elementos como el mar, el árbol, la llanura, el agua en sus arroyos y corrientes, la montaña, el vino o el arado; partes de una suerte de geografía arquetípica, común a todos los tiempos y los seres. Entre dichos elementos se destaca la presencia recurrente e incesante del viento, que a lo largo de estas páginas representa el vuelo sostenido de la divinidad, pero también la fuerza aglutinadora que todo lo cobija bajo un mismo manto. El viento es, además, la metáfora más clara de este libro, aquello que en su forma mínima y sutil alcanza su aspecto más definitivo y poderoso.

Es por eso por lo que los retos del traductor de Gibran poco tienen que ver con resolver particularidades lingüísticas impuestas por marcas dialectales del espacio o tiempo, y mucho más con preservar de estas páginas su espíritu aglutinador y su apertura. Esto es, dotar al texto de una voz en el presente, pero sin alterar su forma atemporal. Igual que quien pretende pintar un soplo de viento, esbozando y a la vez desdibujando un trazo solitario, a sabiendas de no poder materializar completamente un espíritu al cual se opone todo cuerpo.

De allí que esta traducción se preocupe sobre todo por acercarse al ritmo y la cadencia del texto original, manteniendo para eso la forma del *versículo*, que concibió originalmente el poeta para el texto. El versículo es un tipo de verso libre escrito sin rima y sin métrica, asentado a medio camino entre el verso y la prosa, pero internamente regulado por su musicalidad. Esta forma, antes popularizada por Whitman en la lengua inglesa, hunde sus raíces en el texto bíblico y constituye un uso del lenguaje en que el sentido del texto depende en gran parte de su respiración sostenida.

Así, los espacios en blanco, las pausas y los encabalgamientos concebidos por Gibran constituyen dichas pautas de ritmo, a través de las cuales, como en una suerte de meditación guiada, la voz del profeta nos conduce por sus revelaciones. He intentado por eso respetar en esta traducción, en todos los casos en que ha sido posible, la versificación, con excepción de algunos pocos casos en los que otra decisión favorecía mejor el pálpito propio de nuestra lengua.

Por otra parte, quise también minimizar para esta versión los usos retóricos arcaizantes y propios del español antiguo, que caracterizan algunas traducciones previas de este libro. Esto con el fin de subrayar la vigencia indiscutible de su contenido y su relación natural con el habla y el sentir del habitante americano. Así, un libro que antes pudo haber sido visto tan solo como un ejercicio didáctico amoroso, reaparece hoy, más que nunca, como una poderosa meditación sobre el exilio y el reconocimiento del otro. Porque leer a Gibran en nuestro tiempo no es solo redescubrir la sabiduría de estas páginas sino también reconocer la importancia del *profeta*, un extranjero, un inmigrante, un peregrino en busca de la luz, que como el mismo Gibran, recibe la oportunidad de tender un puente espiritual hacia los otros, el que resulta ser, a un mismo tiempo, un puente entre culturas y lenguas.

ANDREA COTE

EL
PROFETA

La llegada del barco

ALMUSTAFA, el elegido y el amado, aquel que fuera aurora de su propio día, había esperado doce años en la ciudad de Orfalese por el barco que lo llevaría de regreso a su isla natal.

En el duodécimo año, en el séptimo día de Ielool, el mes de la cosecha, subió a la colina, más allá de las murallas de la ciudad, miró el mar y vislumbró su barco arribando entre la niebla.

De repente se abrieron las puertas de su corazón y su gozo voló sobre el océano y cerrando los ojos en el silencio de su alma oró.

Pero mientras bajaba de la colina una tristeza profunda cayó sobre él, y en su corazón meditó:

¿Cómo podría irme en calma y sin dolor? No. No podría dejar esta ciudad sin una herida en el alma.

Largos fueron los días que entre sus murallas he pasado en pena, y largas las noches de soledad. ¿Y quién hay capaz de partir de su soledad y su dolor sin lamentarlo?

Demasiados son los fragmentos de mi espíritu que he dejado entre sus calles, y demasiados también los hijos de mi anhelo que caminaron desnudos entre sus colinas, y no sabría yo cómo dejarles sin sentir angustia y pesar.

Aquel del que ahora me despojo no es un traje, es la piel que rasgo con mis propias manos.

Tampoco es un pensamiento lo que dejo atrás, sino un corazón dulcificado por el hambre y por la sed.

Pero no puedo postergar más mi partida.

El mar, que todas las cosas reclama, me llama a mí ahora, y debo embarcar.

Quedarse aquí, aunque ardan las horas nocturnas, sería congelarse, cristalizarse y seguir sujeto a un molde.

Quisiera poder llevar conmigo todas las cosas de este lugar. ¿Pero cómo podría?

Una voz no puede cargar consigo la lengua y los labios que le han dado alas. Ella sola debe procurar lo etéreo. Y así también el águila, solitaria y sin nido, debe surcar el cielo frente al sol.

Luego, cuando llegó al pie de la colina, volvió la vista al mar y vio su barco en la bahía, sobre la proa estaban los marineros, los hombres de su tierra natal.

Desde el fondo de su alma les gritó:

Hijos de mi madre ancestral, jinetes de las mareas, cuántas veces habéis navegado en mis sueños, para llegar ahora en mi vigilia, que es mi sueño más profundo.

Dispuesto estoy para partir, y mi entusiasmo de velas desplegadas no espera más que el viento.

Tan solo una vez más respiraré este apacible aire, tan solo una última mirada amorosa hacia el pasado, y después me pararé entre vosotros, otro marinero entre los marineros.

Y tú, vasta mar, madre insomne, solo tú eres paz y libertad para el río y la corriente, permíteme otro espiral en el arroyo, tan solo otro murmullo en este claro, y finalmente entraré en ti, como una gota sin límites en un océano sin límites.

Y mientras caminaba vio hombres y mujeres a lo lejos, saliendo de sus campos y viñedos, avanzando presurosos hacia las puertas de la ciudad. Oyó sus voces gritar su nombre entre los sembradíos y hablarse unos a otros de la llegada del barco.

Y entonces se dijo:

¿Será el día de la partida el mismo de nuestro encuentro?

¿Y se dirá que mi crepúsculo fue en verdad mi amanecer? ¿Qué le daré al que dejó el arado a la mitad del surco, o al que detuvo la rueda de su lagar?

¿Podrá mi corazón convertirse en un árbol lleno de frutos que recolectar y repartir entre estos hombres?

¿Fluirán mis deseos como una fuente para llenar sus copas? ¿Seré yo un arpa para que la mano del todopoderoso me toque, o una flauta a través de la cual pase su aliento?

Buscador de silencios soy, pero ¿qué tesoros habré encontrado en ellos de los que pueda ahora desprenderme con confianza?

Si es este el día de mi cosecha, ¿en qué campos y en qué estaciones olvidadas habré sembrado mi semilla?

De ser esta la hora en que levanto mi lámpara, no será mi llama la que arda en ella. Vacía y oscura se elevará mi lumbre y el guardián de la noche será quien la dote con aceite y la encienda.

Estas son las cosas que dijo con palabras. Pero mucho más calló con su corazón. Porque él no podía expresar su más profundo secreto.

Cuando entró en la ciudad, todos los habitantes fueron a su encuentro y clamaron a coro, y los ancianos de la ciudad se adelantaron para decirle:

«No te alejes aún.

»Has sido un mediodía en nuestro ocaso y tu juventud nos ha colmado de sueños. Entre nosotros no eres un extraño, ni siquiera un huésped, eres nuestro hijo bien amado. No permitas que sufran nuestros ojos hambre de tu rostro».

Y los sacerdotes y las sacerdotisas le dijeron:

«No dejes que las olas del mar ahora nos separen, y que los años que has pasado aquí se conviertan en recuerdos.

»Entre nosotros caminaste como un espíritu y tu sombra iluminó nuestros rostros. Mucho te hemos amado. Pero ha sido un amor sin palabras y cubierto de velos.

»Pero ha llegado el día de profesarlo y descubrirlo ante ti. Bien se sabe que el amor no conoce su hondura más que en la hora de la separación».

Y entonces otros acudieron a suplicarle. Pero él no les respondió. Tan solo inclinó la cabeza, y quienes estaban cerca vieron sus lágrimas rodar sobre su pecho. Luego, él y la gente del pueblo se dirigieron a la gran plaza frente al templo.

Del santuario salió una mujer cuyo nombre era Almitra. Era una vidente. Él la miró con excesiva ternura, porque fue la primera que lo buscó y creyó en él el día en que llegó a la ciudad.

Almitra le saludó diciendo:

«Profeta de Dios, en tu búsqueda de lo lejano, por largo tiempo has contemplado el horizonte a la espera de tu barco. Ahora que ha arribado, deberás partir.

»Profundo es tu anhelo por la tierra de tu memoria y por la casa en que residen tus más grandes esperanzas; nuestro amor no te atará, ni lo harán tampoco nuestras necesidades.

»Pero solo una cosa te pedimos y es que antes de partir nos hables y nos cuentes tu verdad. Así podremos contársela a nuestros hijos y ellos a los suyos para que no perezca nunca.

»En tu soledad has contemplado nuestro tiempo, y en tu vigilia has escuchado el llanto y la risa de nuestro sueño. Revélanos ahora lo que te ha sido revelado y déjanos saber de lo que existe entre el nacimiento y la muerte».

Y él respondió:

Pueblo de Orfalese, ¿de qué podría hablaros yo, salvo de aquello que ahora mismo se agita dentro de vuestras almas?

Sobre el amor

Entonces, dijo Almitra: háblanos del amor.

Y él levantó la cabeza y miró la gente alrededor y una suave calma cayó sobre todos.

Y les dijo con viva voz:

Cuando el amor te llame, síguelo, aun si sus caminos son duros y empinados. Y cuando sus alas te envuelvan, cede ante él, incluso si la espada que se oculta en ellas te lastima. Y cuando el amor te hable, cree en él, aunque su voz destroce tus sueños al igual que el viento norte destruye los jardines.

Porque, así como el amor te corona, también te crucifica. Y así como te anima a crecer también te tala, y en tanto asciende para acariciar tus tiernas ramas, estremecidas bajo el sol, también desciende a tus raíces para sacudirlas cuando se aferran a la tierra.

Como a un fajo de maíz, el amor te recoge.
Te trilla para desnudarte.
Te separa para librarte de tus cáscaras.
Te muele hasta volverte blanco.

Te amasa hasta ablandarte.

Y luego te destina a su fuego sagrado para que puedas convertirte en lo sagrado mismo y ser pan en la fiesta de Dios.

Todo esto hará el amor para que conozcas los secretos de tu corazón y te conviertas, por ese saber, en un fragmento del corazón de la vida.

Pero si en tu temor buscas solamente la paz y el placer del amor, lo mejor será cubrir tu desnudez y alejarte de su campo hacia un mundo sin estaciones, en donde habrás de reír; pero no con todas tus risas, y habrás de llorar; pero no con todo tu llanto.

El amor no da nada más que a sí mismo, y no toma nada más que de sí mismo. El amor no posee ni será poseído, porque él se basta de sí.

Cuando amas no debes decir: «Dios está en mi corazón», por el contrario, debes decir: «Yo estoy en el corazón de Dios». Y no pienses que podrás dirigir el curso del amor, porque será este, si acaso eres digno, el que dirigirá tu curso.

El amor no tiene otro deseo que el de realizarse a sí mismo. Pero si amas, y tienes necesidad de desear, deja que tus deseos sean como sigue:

Fundirse y ser como el arroyo que le canta su melodía a la noche.

Conocer el dolor de la excesiva ternura.

Ser herido por la propia comprensión del amor; y sangrar voluntaria y gozosamente.

Despertar de madrugada con un corazón alado y dar gracias por un nuevo día para amar.

Descansar al mediodía y meditar en el éxtasis del amor.

Regresar a casa agradecido al anochecer y dormir con el corazón colmado por una plegaria para el amado y tener un canto de alabanza entre los labios.

Sobre el matrimonio

Entonces Almitra habló de nuevo: ¿Qué decir del matrimonio, maestro?

Y él dijo:

Juntos habéis nacido y así deberéis permanecer por siempre.

Juntos hasta que las blancas alas de la muerte dispersen vuestros días. Sí, estaréis juntos incluso en la memoria silenciosa de Dios.

Pero permitid que haya espacios en vuestra unión y dejad que los vientos del cielo dancen entre vosotros.

Amaos el uno al otro, pero no hagáis del amor un lazo.

Que sea más bien como el mar moviéndose entre las costas de vuestras almas.

Llenaos las copas uno al otro, pero no bebáis de una sola.

Daos uno al otro de vuestro pan, pero no comáis de la misma hogaza.

Cantad y bailad y sed felices, pero permitid que cada uno esté solo, como sola está cada cuerda del laúd, aunque vibren juntas con la misma música.

Entregaos el corazón, pero no para la custodia del otro, pues solo la mano de la vida podrá contener vuestros corazones.

Y manteneos juntos, pero no demasiado, porque los pilares de un templo se levantan aparte y ni el roble ni el ciprés saben crecer bajo la sombra del otro.

Sobre los hijos

Una mujer que sostenía un bebé contra su pecho le pidió: háblanos ahora de los hijos.

Y él reveló:

Tus hijos no son tus hijos, son los hijos y las hijas del anhelo que la vida tiene de sí misma.

Vienen a través de ti, pero no vienen de ti, y aunque están contigo, no te pertenecen.

Puedes darles tu amor, pero no tus ideas; porque ellos tendrán sus propios pensamientos. Podrás alojar sus cuerpos, pero no sus almas, porque sus almas habitan la casa del mañana, la que no podrás visitar, ni siquiera en tus sueños.

Y puedes esforzarte en parecérteles, pero no en hacer que ellos se parezcan a ti, pues la vida no camina hacia atrás, ni se entretiene en el ayer.

Tú eres el arco desde el cual los hijos, como flechas vivientes, son impulsados al futuro.

El arquero ve el blanco sobre el horizonte y con su poder te curva para que sus flechas vuelen veloces y lejos.

Permite gustosa que la mano del arquero te doblegue;
porque tanto ama él la flecha en vuelo como el arco que es
firme.

Sobre el dar

Un hombre rico preguntó: ¿Qué nos dices del dar?

Y él expresó:

Es muy poco lo que das cuando entregas posesiones.

Es al darte a ti mismo cuando realmente ofrendas algo. Pues, ¿qué son tus bienes sino cosas que atesoras y custodias por temor a necesitarlas luego?

¿Y el mañana? ¿Qué traerá el mañana para ese perro en demasía prudente, que entierra sus huesos en la arena sin huellas mientras sigue los pasos de los peregrinos a la ciudad sagrada?

¿Y qué es el miedo a la necesidad sino la necesidad en sí misma?

¿No sufre acaso el que siente sed frente al pozo colmado de un tipo insaciable de sed?

Hay quienes dan poco de lo mucho que tienen, y lo dan esperando reconocimiento, y este deseo oculto convierte sus dones en malsanos.

Hay quienes tienen poco y todo lo dan. Esos son los que

creen en la vida y en sus recompensas; aquellos cuyo cofre nunca está vacío.

Hay quienes dan con alegría y para ellos esa alegría es la recompensa, pero hay los que dan con dolor y en esa pena se bautizan.

Otros dan sin conocer del don, el dolor o la alegría, y no son conscientes de la virtud de su entrega; ellos dan como en el valle el mirto esparce su fragancia en el espacio.

Es por las manos de estos que Dios habla y desde cuyos ojos sonríe para el mundo.

Es bueno dar cuando nos han pedido, pero mucho mejor es dar sin demanda y al haber comprendido la necesidad.

Para una mano generosa, la búsqueda de quién recibirá es un gozo aún más grande que el de dar en sí. ¿Y es que existe acaso algo con lo que puedas quedarte?

Todo lo que tienes algún día será donado. Por tanto, aprende a dar ahora, y el tiempo de la entrega te pertenecerá a ti y no a tus herederos.

Has dicho a menudo: «Me gustaría dar, pero solo a quien lo merece».

Pero nunca han dicho eso los árboles de tu huerta ni el rebaño de tus prados.

Ellos dan para poder vivir, pues retener es perecer.

Recuerda que el que ha sido digno de recibir los días y sus noches, digno es de recibir cualquier cosa que puedas darle.

Recuerda que el que ha merecido beber del océano de la vida merece llenar su copa de tu pequeño arroyo.

¿Y hay acaso mayor mérito que el que reside en el valor y la confianza y no en la caridad de recibir?

¿Y quién eres tú acaso para que otros hombres rasguen su pecho y desvelen su orgullo para que puedas ver su merecimiento y su valor desnudos?

Pregúntate primero si mereces ser quien da y ser instrumento del dar.

Porque en realidad es la vida misma la que otorga, y tú, que pretendes ser dador, no eres más que su testigo.

Y tú, el que recibe —y todos vosotros recibís—, no asumas tampoco el peso de la gratitud para no poner así un yugo sobre ti y sobre quien da.

Elévate junto a la entrega en las alas de la generosidad, porque pensar demasiado en la deuda es dudar de la grandeza de quien tiene al corazón de la tierra como madre y a Dios por padre.

Sobre comer y beber

Entonces un anciano, encargado de la posada, habló: cuéntanos ahora sobre comer y beber.

Y él respondió:

Ojalá pudieras vivir de la fragancia de la tierra y como una planta aérea ser sostenido por la luz.

Pero ya que debes matar para comer, y robar a la cría la leche de su madre para satisfacer tu propia sed, entonces haz de ello un acto de adoración y convierte tu mesa en un altar en que lo puro e inocente del bosque y del llano sea sacrificado en honor de aquello que en el hombre hay aún de puro e inocente.

Cuando mates una bestia dile en tu corazón: «Por el mismo poder que te sacrifica, también yo seré sacrificado y consumido.

»Porque la misma ley que te ha puesto en mis manos me pondrá a merced de una mano aún más poderosa.

»Entonces tu sangre y mi sangre no serán más que la savia que alimenta el árbol de los cielos».

Y al morder una manzana, en tu corazón debes decirle:
«Tus semillas vivirán en mi cuerpo y tus frutos florecerán en mi corazón.

»Tu fragancia será mi aliento y juntos disfrutaremos todas las estaciones».

Y en otoño, cuando recojas las uvas de tu viñedo, dirás:
«También yo soy viñedo, y mi fruto se convertirá en vino, y me guardarán en vasijas eternas».

Y en el invierno, cuando bebas el vino, haz que por cada copa haya en tu corazón una canción, y que en ella viva un recuerdo de los días del otoño, y del viñedo y del lagar.

Sobre el trabajo

Dijo el labrador, háblanos del trabajo.

Y él reveló:

Trabajas para sostener el ritmo de la tierra y de su alma, pues estar ocioso es ser indiferente al ritmo de las estaciones y apartarse del cortejo de la vida, que con majestad y entrega orgullosa marcha hacia el horizonte.

Al trabajar, eres como la flauta a través de cuyo corazón el murmullo de las horas se convierte en música. ¿Y quién preferirá ser la caña silenciosa y mustia, cuando todo lo demás canta al unísono?

Siempre te han dicho que el trabajo es maldición y el esfuerzo una desgracia. Pero recuerda que trabajando realizas parte del más antiguo sueño de la tierra, el que al nacer te fuera encomendado.

Al mantenerte ocupado en realidad amas la vida, y amar la vida a través del trabajo es intimar con su más profundo secreto.

Pero si en tu dolor has llamado al nacimiento una aflicción y al sustento de la carne una maldición grabada sobre tu fren-

te, entonces te diré que nada más que el sudor de esa frente
podrá borrar lo que en ella ha sido inscrito.

Te han dicho que la vida es oscuridad y en tu fatiga has
hecho eco de la voz del fatigado.

Pero en realidad la vida solo es oscuridad cuando no hay
motivación en ella y toda motivación es ciega si no está guiada por el conocimiento.

Pero todo conocimiento es vano sin el trabajo y todo trabajo está vacío sin amor, porque al trabajar con amor uno ata
el ser a uno mismo, a los otros y a Dios.

¿Pero qué quiere decir trabajar con amor?

Es tejer un tapiz con hilos desatados de tu corazón, como
si este fuera a ser usado por tu amado.

Es construir una casa con afecto, como si tu amado fuera
a morar en ella.

Es sembrar semillas con suavidad y recoger la cosecha con
regocijo, como si tu amado fuera a comer de su fruto.

Es tocar todas las cosas con un soplido de tu propio espíritu y saber que todos tus muertos te asisten y te observan.

A menudo te he oído decir, como hablando en sueños,
«aquel que trabaja el mármol y en la piedra esculpe la forma
de su alma, es más noble que quien ara el campo.

»Y que el que atrapa el arcoíris en su lienzo para imitar al
hombre, es más digno que el fabricante de sandalias».

Pero yo te diré, no en sueños, sino en la vigilia del mediodía, que el viento no habla con mayor dulzura a los gigantes
robles que a la más pequeña brizna de la hierba, y solo será

grande aquel que transforma la voz del viento en canto y la endulza con su propio amor.

El trabajo es amor hecho visible.

Y si no sabes trabajar con amor, sino con desagrado, mejor es que dejes de hacerlo y te sientes a la puerta del templo a recibir limosna de los que trabajan con alegría.

Porque si horneas tu pan con indiferencia, este será amargo, incapaz de saciar el hambre de los hombres.

Y si te molesta machacar las uvas, el veneno del rencor se destilará en el vino.

Y si cantas como los ángeles, pero no amas el canto, ensordecerás los oídos de los hombres a las voces del día y de la noche.

Sobre la alegría y el dolor

Entonces una mujer pidió: di algo de la alegría y del dolor.

Y él prosiguió:

Tu alegría es tu dolor sin máscaras.

El mismo manantial del que brota tu risa ha estado antes colmado por tus lágrimas.

¿De qué otro modo podría ser?

Cuanto más profundo cava el dolor en tu alma más alegría podrás contener.

¿No es acaso la copa que contiene tu vino la misma que fue quemada en el horno del alfarero? ¿Y no es el laúd que apacigua tu espíritu la misma madera que antes fue tallada con cuchillos?

Cuando estés alegre, busca en el fondo de tu corazón y encontrarás que solo aquello que alguna vez te causó pena puede darte felicidad.

Pero cuando estés triste, busca en tu corazón una vez más, y verás que realmente estás llorando por lo que alguna vez te hizo feliz.

Hay quienes dicen: «La alegría es mayor que la tristeza», y otros que afirman, «no, la tristeza es mucho mayor». Pero yo os digo que son inseparables. Vienen juntas, y si alguna de las dos está sentada a tu mesa, es porque la otra duerme en tu cama.

Tú eres la balanza en la que se suspenden el dolor y la alegría. Así, solo cuando estés vacío experimentarás quietud y equilibrio.

Pero cuando el guardián del tesoro te levante para pesar oro y plata, alguna de las dos, ya sea el dolor o la alegría, subirá mientras la otra bajará.

Sobre la casa

En esta oportunidad un albañil se acercó y le dijo: háblanos de las casas.

Y él respondió diciendo:

Construye primero una enramada en el bosque de la imaginación antes que una casa dentro de los muros de la ciudad. Pues, así como tendrás refugio para los días del crepúsculo, también lejanía y soledad para el viajero que en ti habita.

Tu casa es la ampliación de tu cuerpo.

Ella crece a la luz del sol y en la quietud de la noche dormita entre sus sueños. ¿Pues acaso no es verdad que sueña tu casa y que al hacerlo deja la ciudad para adentrarse en la arboleda y en la colina?

Quisiera poder juntar las casas de todos vosotros en mi mano y como un sembrador regarlas por el bosque y la pradera.

Así los valles serían vuestras calles, y los verdes prados, vuestras alamedas, y unos a otros os buscaríais a través de los viñedos y volveríais con el perfume de la tierra entre vuestras ropas.

Pero estas cosas no pasarán aún.

Por temor, vuestros ancestros os pusieron muy cerca unos de los otros. Ese temor perdurará un poco más, de la misma manera en que los muros de la ciudad aún separarán por un tiempo vuestros hogares de vuestros campos.

Pero decidme, pueblo de Orfalese, ¿qué cosas tenéis en vuestras casas?, ¿qué es lo que resguardáis tras puertas y candados?

¿Serán acaso la calma y la tranquila determinación con la que todo poder se revela?

¿Serán vuestros recuerdos, esos arcos brillantes que abarcan las cumbres de la mente?

¿Será la belleza, esa que guía el corazón desde las cosas hechas de madera y piedra hasta la montaña sagrada?

Decidme, ¿tenéis todo eso en vuestras casas?

¿O tan solo tenéis la comodidad y el anhelo por la comodidad, ese visitante furtivo que en el hogar entra primero como huésped, para tornarse luego en anfitrión y finalmente en amo?

Debes saber que ese amo se convierte en domador y con látigo y garfio hace marionetas de tus sueños.

Su corazón es de hierro, aun si con sedosas manos te adormece, solo para pararse junto al lecho y mofarse de la dignidad de la carne.

Se burla de tus sentidos más afinados y los reduce a un manojo de polvo, como si fueran frágiles cántaros.

En verdad, el anhelo de la comodidad mata la pasión del alma y camina airoso por su funeral.

Pero tú, criatura del espacio, inquieto en la quietud, no serás atrapado ni domesticado y tu casa será un mástil, no un ancla.

Y no será la cinta que cubra la herida sino el párpado que proteja al ojo.

Y en ella no plegarás las alas para pasar por la puerta, o agacharás la cabeza para evitar el techo, ni temerás respirar temiendo que las paredes se agrieten o derrumben.

No habitarás en tumbas que los muertos prepararon para los vivos.

Y aunque abunde en esplendor y suntuosidad, tu casa no guardará tu secreto ni encerrará tu anhelo.

Porque lo que en ti no tiene límites permanece en la mansión del cielo, la que tiene por puerta el rocío de la mañana y por ventanas las canciones y los silencios de la noche.

Sobre el vestir

Y dijo un tejedor: háblanos sobre el vestido.

Y así respondió:

Tus ropas ocultan gran parte de tu belleza, pero no ocultan aquello que carece de hermosura. Aunque busques en las prendas liberar espacio para tu intimidad, a menudo estas se convierten en un arnés o en una cadena.

Mejor sería que pudieras encontrar el sol y el viento con más piel y menos ropa.

Porque el aliento de la vida está en la luz del sol y su mano es el viento.

Hay quienes dicen: «El viento del norte tejió los vestidos que usamos».

Y yo les digo que sí, que ha sido el viento del norte, pero teniendo la vergüenza por telar y la debilidad de sus nervios como hilos. Y cuando hubo terminado su trabajo se echó a reír en medio de los bosques.

No hay que olvidar que ante los ojos impuros no hay mejor escudo que la modestia. Y cuando los impuros ya no existan,

¿qué otra cosa será la modestia sino un grillete que enturbia la mente?

No hay que olvidar tampoco que la tierra se deleita en sentir tus pies descalzos y el viento anhela siempre jugar con tus cabellos.

Sobre el comercio

Y entonces se oyó decir al comerciante: háblanos del comprar y vender.

Y él explicó:

La tierra despliega sus frutos para ti y no conocerás necesidad si aprendes a colmar tus manos. Es en el intercambio de los dones de la tierra que hallarás abundancia y satisfacción.

Pero a menos que ese intercambio sea hecho con amor y justa amabilidad, tan solo servirá para conducir a algunos a la codicia y a otros al hambre.

Cuando en el mercado, tú, trabajador del mar, del campo o de los viñedos, te encuentres con los tejedores, alfareros y recolectores de especias; invocad juntos al espíritu guía de la tierra para que habite entre vosotros y santifique la balanza y el cálculo que ajusta valor contra valor.

Y no permitas que el de manos estériles, el que pretende intercambiar palabras por trabajo, tome parte en tus transacciones.

A hombres como él debes decirles: «Ven con nosotros al

campo o ve con nuestros hermanos al mar y lanza tu red, porque la tierra y el mar serán fecundos para ti como lo han sido para nosotros».

Y si vienen los cantantes, los bailarines y los flautistas, compra también de lo que tienen.

Porque también ellos son recolectores de frutos y fragancias, y lo que traen, aunque está hecho de sueños, es ropa y alimento para el alma.

Y antes de salir del mercado, asegúrate de que nadie se haya ido con las manos vacías; porque el espíritu guía de la tierra no podrá reposar sobre los vientos hasta que el último de vosotros esté libre de necesidad.

Sobre el crimen y el castigo

Y uno de los jueces de la ciudad se puso de pie y pidió: háblanos del crimen y del castigo.

Y él contestó:

Es cuando tu espíritu deambula veleidoso, cuando tú, solo y sin guarda, cometes una falta contra los demás y, por tanto, contra ti mismo. Y es por esa falta que habrás de llamar y esperar desatendido ante la puerta de los bienaventurados.

Pero el océano, que es tu dios,

permanece para siempre sin mancha.

Así también el éter que solo se levanta al compás de lo que tiene alas.

Y el sol, que también es tu dios,

no conoce los caminos del topo ni anda entre agujeros de serpiente.

Pero esa divinidad no es todo lo que habita en tu ser.

Parte de ti aún es hombre, y otra parte está por convertirse en él,

como un pigmeo informe que camina dormido entre la niebla buscando su propio despertar.

Y es del hombre en ti de quien quiero hablar ahora, porque él y no tu dios ni ese pigmeo en la niebla es quien conoce tanto el crimen como su castigo.

A menudo os he oído referirse al que comete una falta, como si no fuera uno de vosotros, sino un extraño, un intruso en el mundo.

Pero os digo que, así como el santo y el justo no pueden elevarse más allá de lo que es más noble en cada uno, tampoco el débil o el malvado podrán caer más bajo de aquello que en cada cual es inferior.

Porque, así como una hoja no se vuelve amarilla ella sola, sino con el conocimiento silencioso del árbol todo, así, quien hace el mal tampoco puede hacerlo sin la voluntad oculta de los otros.

Como en una procesión, camináis juntos hacia la divinidad, y ante ella sois el camino y el caminante.

Y cuando alguno cae lo hace en parte por aquellos que vienen tras de sí, para que no tropiecen con la misma piedra.

Y cae también por quienes le precedieron, aquellos que, aun cuando avanzaron con paso fuerte y seguro, no supieron retirar la piedra suelta del camino.

Y aunque estas palabras pesen duramente sobre vuestros corazones, debéis saber que el que ha sido asesinado no está libre de culpa sobre su propia muerte.

Y el que ha sido robado, tampoco es completamente inocente del delito.

Tampoco el justo es inocente de la obra del impío, ni el de las blancas manos está exento de la mancha del convicto.

Sí, es verdad que en ocasiones el culpable es víctima de aquel que ha sido herido, y mucho más frecuentemente el condenado lleva la carga de otro que es inocente y no tiene culpa.

No es posible separar lo justo de lo injusto o lo bueno de lo malo, porque frente al sol ambos se entrelazan, igual que el hilo negro y blanco bordado en un mismo tapiz.

Y cuando un hilo negro se rompe, el tejedor debe examinar toda la tela y su telar.

Si alguno de vosotros llama a juicio a la esposa infiel, también debe pesar el corazón y la medida del alma del marido de esta en su juicio.

Permitid además que aquel que azotaría al delincuente mida también el espíritu del ofendido.

Y si alguno de vosotros quiere castigar en nombre de la justicia, pasando por el hacha al árbol enfermo, que examine primero sus raíces.

Encontrará así que las raíces de lo bueno y lo malo, lo fecundo y lo infructuoso están entrelazadas en el silencioso corazón de la tierra.

Y vosotros, jueces, los que debéis ser justos, ¿qué juicio pronunciaríais sobre aquel que, aunque es inocente de carne, es ladrón de espíritu?

¿Y qué pena impondréis para el que destruye la carne, pero ha sido él mismo destruido de espíritu?

¿Y cómo juzgaréis al que es falso y opresor en sus acciones y sin embargo también ha sido él ofendido y ultrajado?

¿Cómo castigaréis a aquel cuyo remordimiento ya es más grande que su falta?, ¿no es el remordimiento acaso el castigo que administra aquella ley de la que os decís servidores?

Pero no seréis vosotros los que puedan imponer remordimiento sobre el inocente o librar de este el corazón de los culpables. Sin ser invitado este arribará en la noche, despertará a los hombres y los hará escrutar su rostro.

Y vosotros, los que decís entender la justicia, ¿cómo lo haréis si no miráis cada acción a plena luz?

Solo así podréis saber que tanto aquel que está erguido como el que ha caído en desgracia son un solo hombre parado ante el crepúsculo, entre la noche del pigmeo y el amanecer del ser divino que habita en cada hombre, y que la piedra angular del templo no es más alta que la más baja piedra en sus cimientos.

Sobre la ley

Y se oyó entonces la voz de un abogado: ¿Qué nos dices de las leyes, maestro?

Y él respondió:

Te complaces en establecer leyes y, sin embargo, más deleite encuentras en romperlas.

Como los niños que junto al océano construyen con gran tenacidad castillos de arena, solo para poco después destruirlos entre risas.

Pero mientras tú construyes tu castillo, el océano trae más arena hasta la orilla; y cuando lo destruyes, él ríe contigo.

La verdad es que el océano siempre ríe con los inocentes.

¿Pero qué pasará con aquellos para quienes la vida no es océano y para quienes las leyes de los hombres no son castillos de arena?

¿Aquel para quien la vida es una roca dura, y la ley ese cincel con el que intenta esculpir su propia imagen?

¿Qué hay del lisiado que detesta a los que danzan?

¿Qué del buey que ama su propio yugo y juzga al alce y al ciervo de los bosques por ser bestias vagabundas?

¿Y qué de la vieja serpiente que no puede mudar su vieja piel y llama a los otros desnudos y desvergonzados?

¿Qué hay de aquel que llega más pronto a un festín de boda, se alimenta y bebe hasta el hartazgo y luego emprende su camino vociferando que las fiestas son inmorales y transgresores aquellos que las disfrutan?

¿Qué podría decir de todos ellos, excepto que también se encuentran ante la luz del sol, pero le dan la espalda? De tal luz ellos ven solo sus sombras y estas son las que llaman leyes.

¿Y qué es entonces el sol para ellos sino un emisor de sombras?

¿Y qué es acatar la ley, sino inclinarse y rastrear sombras por la tierra?

¿Acaso tú, que caminas frente al sol, te dejarías retener por imágenes tan solo dibujadas en el suelo?, o tú, que viajas con el viento, ¿permitirás que una veleta dirija tu curso?

¿Y qué ley humana podrá retenerte si rompes tu yugo más allá de las prisiones de los hombres? ¿Qué leyes deberías temer si al danzar no tropiezas con los grilletes de nadie?

¿Y quién podrá llevarte a juicio si aunque te rasgues los vestidos jamás los tirarías en la ruta de otros?

Gente de Orfalese, es posible amortiguar el sonido del tambor y aflojar las cuerdas de la lira, pero ¿quién le ordenará a la alondra que no cante?

Sobre la libertad

Y un orador intervino: háblanos ahora de la libertad.

Y él dijo:

Ante las puertas de la ciudad y al lado de la lumbre te he visto postrarte y adorar tu propia libertad, casi como un esclavo que se humilla frente a un tirano y lo alaba, aunque él termine por matarlo.

Sí, en los jardines del templo y a la sombra de la ciudadela he visto a los más libres entre vosotros usar la libertad como yugo y atadura.

Sangra mi corazón al verlos, pues solo podrás ser libre cuando hasta el deseo mismo de serlo se convierta para ti en un arnés y dejes de hablar de la libertad como una meta y propósito.

No serás verdaderamente libre cuando tus días estén exentos de preocupación y tus noches vacías de dolor y de necesidad, sino más bien cuando estos sentimientos ciñan tu vida y a pesar de eso sepas levantarte por encima de ellos, desnudo y desatado.

¿Pero cómo te levantarás por encima de tus días y tus noches si no es desatando las cadenas que desde tu amanecer fueron impuestas al mediodía de tu vida?

En verdad, la que llamas libertad es de tales cadenas la más recia, aun cuando sus eslabones brillen al sol y te deslumbren.

¿Y qué otra cosa, más que fragmentos de ti mismo, necesitas descartar para ser libre?

Si es una ley injusta la que debes abolir, recuerda que eres tú quien la inscribió en tu frente y con tu propia mano.

Y no podrás abolirla quemando los libros de la ley, ni podrás lavarla de la frente de los jueces ni aun vertiendo sobre ellas el agua de todos los océanos del mundo.

Y si es un tirano al que debes destronar, asegúrate de destruir primero el trono que en tu corazón le has erigido.

Porque ¿cómo puede un tirano gobernar a los libres y a los orgullosos, si no es porque dentro de ellos existe tiranía en su propia libertad y vergüenza en su orgullo?

Y si es una preocupación de lo que quieres librarte, no olvides que aquella no fue impuesta por otro, sino que la elegiste tú mismo.

Y si es un temor lo que deseas disipar, recuerda que este habita en tu corazón y no en la mano de los temidos.

En verdad, todas las cosas que se mueven en ti lo hacen en un abrazo constante, lo deseado y lo temido, lo repugnante y lo admirado, lo que persigues y aquello de lo que pretendes escapar. Todos se mueven en ti como luces y sombras en pares que se aferran y cuando se desvanece una sombra, la luz que queda se convierte en sombra para otra luz.

Así también tu libertad cuando pierde sus cadenas se convierte ella misma en el grillete de una libertad más grande.

Sobre la razón y la pasión

Y una vez más intervino la sacerdotisa diciendo: habla ahora de la razón y la pasión.

Y él contestó:

Tu alma es a menudo un campo de batalla donde la razón y el juicio combaten tu pasión y tu apetito.

Desearía ser el pacificador de tu alma, y convertir la discordia y la rivalidad entre sus elementos en unidad y armonía.

¿Pero cómo podría hacerlo a menos que también tú seas pacificador, y no tan solo amante de esos elementos?

La razón y la pasión son el timón y la vela de tu alma marinera. Pero si las velas o el timón se rompen, no podrás más que agitarte a la deriva o permanecer inmóvil en medio del océano. Porque la razón, cuando rige por sí misma, es solo una fuerza que limita; y la pasión, desatendida, una llama que arde hasta extinguirse.

Por tanto, permite que tu alma exalte tu razón hasta hacer que tu pasión cante, y que tu alma acuda a la razón para dirigir tus pasiones. De este modo tu pasión se reavivará a diario, similar al ave fénix que se levanta desde las cenizas.

Y quiero que también pienses en tu juicio y en tu apetito como en dos huéspedes amados que recibes en tu casa. A los dos deberás honrarles de igual modo, pues quien se fije más en alguno de los dos perderá el amor de uno y la fe de ambos.

Entre las colinas, cuando te sientes finalmente a descansar bajo la sombra fresca de los blancos álamos, compartiendo la paz y la serenidad de las distantes praderas y campos, deja que tu corazón diga en silencio: «Dios descansa en la razón».

Y cuando llegue la tormenta y un viento poderoso sacuda el bosque, y los truenos y relámpagos proclamen la majestad del cielo, deja que tu corazón exclame con asombro: «Dios se mueve en la pasión».

Y ya que tú eres solo un soplo en la esfera de Dios, una hoja en la floresta sagrada, tú también descansa en la razón y muévete en la pasión.

Sobre el dolor

Y una mujer intervino: dinos algo del dolor.

Y él declaró:

Tu dolor es la ruptura de la cáscara que esconde tu entendimiento.

Y así como la piedra de la fruta debe romperse para exponer su corazón al sol, así también tú debes conocer el dolor.

Pero si procuras mantener tu corazón maravillado ante los milagros de cada día, tu dolor no te parecerá menos prodigioso que tu alegría. Aceptarás entonces todas las estaciones de tu corazón, como siempre has aceptado las que pasan por tus campos, y con serenidad verás pasar uno a uno los inviernos del dolor.

Hay mucho en tu pena que ha sido elegido por ti mismo.

Es la pócima amarga con la que el médico que hay dentro de ti cura tu parte enferma.

Confía en ese médico y bebe su remedio en silencio y con tranquilidad, porque su mano, aunque pesada y dura, guiada está por la tierna mano del Invisible.

Y la copa que te ofrece, aun cuando te queme los labios, ha sido moldeada con la arcilla que con sus propias lágrimas humedeció el Alfarero.

Sobre el autoconocimiento

Y un hombre dijo: pronúnciate ahora sobre el conocimiento de sí.

Y él habló:

En silencio tu corazón conoce los secretos del día y de la noche.

Pero tus oídos anhelan el ruido que contiene el conocimiento de tu corazón.

Sabrás poner en palabras lo que siempre has sabido con el pensamiento y tocar con los dedos de tu cuerpo la carne desnuda de tus sueños.

Bueno sería que lo hicieras.

El manantial oculto de tu alma necesita brotar y murmurar corriendo hacia el océano. Así, los tesoros de tus profundidades infinitas se revelarán ante tus ojos.

Pero no busques balanzas con las que pesar tu desconocida fortuna.

Ni pretendas sondear con varas y medidas la profundidad de ese conocimiento, porque el ser es como un mar sin fronteras o límites.

En lugar de decir «he encontrado la verdad», mejor di «he encontrado una verdad».

Y no digas «he encontrado el camino hacia el alma» sino mejor, «he encontrado el alma al recorrer mi camino», porque ella anda sobre todos los senderos.

El alma no camina sobre una línea recta ni crece como una caña, ella se despliega como un loto de innumerables pétalos.

Sobre la enseñanza

Dijo pues un maestro: háblanos de la enseñanza.

Y él indicó:

No hay hombre que pueda revelarte nada más que aquello que en ti reposa ya semidormido desde el día en que despertaste ante el conocimiento.

El maestro, que a la sombra del templo camina entre discípulos, no les da de su sabiduría, sino que les transmite su fe y su amor.

El que es realmente sabio no te pide que entres en la casa de su sabiduría, sino que te guía hacia el umbral de tu propia mente.

El astrónomo puede hablarte de su comprensión del espacio, pero no puede dotarte de ella.

Y el músico puede cantarte los ritmos de todos los lugares, pero no puede darte el oído que percibe el ritmo, ni la voz que le hace eco.

El que es experto en la ciencia de los números puede hablarte del mundo del peso y la medida, pero no conducirte a él, pues la visión de un hombre no le presta sus alas a otro.

Incluso ante el conocimiento de Dios debe cada uno estar solo, así como ante el entendimiento de la tierra.

Sobre la amistad

Y dijo un joven: háblanos de la amistad.

Y así les comentó:

Un amigo es la respuesta a tus necesidades.

Es el campo que siembras de amor y en el que cosechas gratitud, y también es tu mesa y tu lumbre, porque a él vienes hambriento y en busca de paz.

Cuando un amigo te habla con sinceridad, no le temes al «no» en tu mente, ni retienes el «sí». Y cuando el amigo está en silencio, tu corazón no deja de escuchar el suyo.

Porque aun sin palabras, en la amistad, todos los pensamientos, deseos y anhelos son alegrías que se comparten sin reclamo.

Cuando te separas del amigo no sufres, pues la parte que de él más amas se hace más clara en su ausencia, así como la montaña es más nítida para el escalador cuando este la observa desde la llanura.

En la amistad no debe haber otro propósito salvo profundizar el espíritu, porque el amor que busca solo revelar su propio misterio no es amor, sino una red que solo atrapa lo infructuoso.

Y que lo mejor de ti sea siempre para el amigo.

Pues si le das a conocer el descenso de tus mareas, que también sepa él de tus crecidas.

¿Por qué buscar al amigo solo cuando hay tiempo que perder y no cuando hay horas por vivir?

El amigo es una respuesta a tus necesidades y no a tus vacíos.

Por eso que haya siempre en la dulzura de la amistad lugar para la risa y los placeres compartidos.

Porque es en el rocío de las cosas pequeñas que el corazón encuentra su mañana y su frescura.

Sobre hablar

Y un erudito dijo: dinos algo del hablar.

Y él respondió:

Hablas al dejar de estar en paz con tus pensamientos.

Cuando ya no te es posible vivir en la soledad del corazón, vives entonces en tus labios y el sonido se convierte en diversión y pasatiempo.

En gran parte de toda conversación, el pensamiento está medianamente asesinado. Porque el pensamiento es un pájaro de espacio que en una jaula de palabras puede desplegar sus alas, pero no puede volar.

Hay entre vosotros aquellos que buscan al hablador por temor a estar solos. Pues el silencio de la soledad revela ante sus ojos al ser desnudo del que esperan huir.

Hay otros que hablan y sin conocimiento o previsión revelan una verdad que ni ellos mismos entienden.

Y hay los que en sí mismos llevan la verdad, pero no la ponen en palabras.

En el corazón de estos últimos habita el espíritu en rítmico silencio.

Cuando encuentres a tu amigo, en el mercado o en la ruta, deja que el espíritu que habita en ti mueva tus labios y dirija tu lengua y que la voz que habita dentro de tu voz le hable al oído dentro de su oído.

Porque su alma guardará la verdad de tu corazón como se guarda el sabor del vino, incluso cuando ya no se recuerde el color y no exista la copa.

Sobre el tiempo

Y preguntó el astrónomo: maestro, ¿qué nos dices sobre el tiempo?

Y él alegó:

Medirás el tiempo, lo inmensurable y lo inconmensurable, y ajustarás tu conducta e incluso dirigirás el curso de tu espíritu basándote en las horas y en las estaciones.

Del tiempo harás un arroyo a cuya orilla te sentarás para verlo correr.

Pero lo que en ti hay de intemporal sabe que el tiempo no existe y que el ayer es simplemente una memoria del hoy y el mañana el sueño de este día.

Lo que en ti canta y contempla aún habita dentro de los límites del primer momento que dispersó las estrellas en el espacio.

¿Quién entre vosotros no ha sentido que su poder de amar es infinito? ¿Y quién a pesar de todo no ha experimentado que ese amor, aun siendo ilimitado, se encuentra en el centro de su ser, y no moviéndose de un pensamiento de amor a otro, de un acto de amor a otro?

¿No es el tiempo, acaso, así como el amor, indivisible y único?

Pero si debes en tu pensamiento medir el tiempo en estaciones, deja que cada estación contenga todas las demás y que el hoy abrace al pasado con nostalgia y al futuro con anhelo.

Sobre el bien y el mal

Y uno de los más viejos de la ciudad le dijo: háblanos del bien y del mal.

Y así les contó:

Del bien que vive en ti podría hablar, pero no del mal. ¿Pues qué es el mal sino el bien cuando ha sido torturado por el hambre y por la sed?

En verdad, cuando el bien tiene hambre busca alimento, incluso entre cavernas oscuras, y cuando tiene sed bebe, incluso de un pozo de aguas muertas.

Cuando eres uno contigo mismo eres bueno. Pero cuando no eres uno contigo mismo no eres malo.

Porque una casa dividida no es una guarida de ladrones, es tan solo una casa fraccionada, y como un barco sin timón puede vagar sin rumbo entre peligrosos arrecifes sin llegar a hundirse.

Eres bueno cuando te esfuerzas por dar de ti mismo. Pero no eres malo cuando buscas ganar algo para ti.

Porque cuando luchas por tu propio beneficio eres como esa raíz que se aferra al pecho de la tierra y la succiona, pues la fruta no puede decirle a la raíz: «Sé como yo, rica y madura y siempre dando en abundancia».

Porque para la fruta el dar es una necesidad, como recibir lo es para la raíz.

Eres bueno cuando estás del todo consciente de tu discurso. Pero no eres malo si dormitas mientras tu lengua se tambalea sin propósito.

Porque incluso un habla vacilante puede fortalecer una lengua débil.

Eres bueno cuando persigues tu meta con paso firme y audaz. Pero no eres malo si avanzas cojeando; aquellos que cojean no caminan hacia atrás.

Pero el que es fuerte y ligero, debe cuidarse de no cojear frente al cojo, creyendo que en ello hay bondad.

Eres bueno de innumerables maneras, y cuando cesas de serlo no eres malo, tan solo perezoso y vagabundo.

Por desgracia, no puede el ciervo enseñarle rapidez a la tortuga.

En el anhelo por el gran «yo» reside la bondad y ese anhelo existe en cada uno de vosotros.

Pero para algunos ese anhelo es un torrente brioso que corre hacia el océano llevando los secretos de las laderas y la canción de los bosques, y para otros es una corriente llana que se pierde entre ángulos y curvas y se consume antes de alcanzar la orilla.

Pero que no reproche el de grandes anhelos al que

poco desea diciéndole: «¿Por qué eres tan lento y te detienes?».

Porque el que es bueno en su corazón no le preguntará al que va desnudo: «¿Dónde está tu vestido?»; ni al desamparado: «¿Qué ha ocurrido con tu casa?».

Sobre la oración

Entonces dijo una sacerdotisa: háblanos de la oración.

Y él respondió diciendo:

Rezas en medio de la angustia y de la necesidad. Pero deberías rezar también en la plenitud de la alegría y en los días de abundancia.

Porque, ¿qué otra cosa es la oración sino la expansión de tu ser en el éter viviente?

Si experimentas bienestar descargando tu oscuridad en el espacio, mucho más deleite encontrarás vertiendo amanecer sobre tu corazón.

Y si solo encuentras llanto cuando tu alma te invita a orar, ella deberá animarte una y otra vez, a pesar de las lágrimas, hasta que encuentres la risa.

Cuando rezas, asciendes para encontrarte en el aire con aquellos que a la misma hora rezan y a quienes más allá de la oración no habrías encontrado nunca.

Permite por tanto que tu visita a ese templo invisible sea solo éxtasis y dulce comunión.

Porque si a él entras con el propósito único de pedir, entonces no recibirás nada. Y si entras en él para humillarte, tampoco serás levantado. Incluso si a él llegas a pedir por el bien de los demás, no serás escuchado.

Basta con solo entrar al templo invisible.

No puedo enseñarte a rezar con palabras, porque Dios no escucha otras palabras que las que él mismo pronuncia por medio de tus labios.

Tampoco puedo enseñarte la oración de los océanos, las montañas y los bosques porque tú, que has nacido de las montañas, los bosques y los mares, en tu corazón ya guardas sus plegarias y si escuchas con atención en la quietud de la noche oirás que estos dicen en silencio:

«Dios, nuestro ser alado, es tu voluntad la que actúa en nosotros y es por tu deseo que nosotros deseamos. Es tu impulso viviente en nosotros el que convierte nuestras noches, que son tuyas, en días, que también son tuyos.

»Y nada podemos pedirte, porque conoces nuestras necesidades, incluso antes de que surjan en nosotros. Tú eres nuestra necesidad, y al darnos más de ti, nos lo das todo».

Sobre el placer

Y entonces el ermitaño, que visita la ciudad anualmente, se adelantó e interrogó: ¿qué nos dices del placer?

Y él dijo:

El placer es el canto de la libertad,

Pero no es la libertad.

Es la flor de tus deseos,

Pero no es su fruto.

Es una profundidad llamando a una altura,

pero no es lo profundo ni lo alto.

Es lo enjaulado ganando alas,

Pero no es el espacio que abarca.

En verdad, el placer es la canción de la libertad, y yo quisiera que la cantaras con plenitud de corazón, pero sin perder tu corazón en ese canto.

Algunos de los más jóvenes entre vosotros buscan el placer como si este lo fuera todo, y por eso son reprendidos y juzgados. Pero yo no los juzgaría ni les condenaría, los obligaría a buscar.

Pues encontrarán el placer, pero no lo hallarán solo, el

placer tiene siete hermanas y la menor de ellas es más hermosa que él.

¿No has oído acaso hablar del hombre que escarbando en la tierra en busca de raíces encontró su tesoro?

Algunos entre vosotros, los más ancianos, recuerdan su placer con arrepentimiento, como faltas cometidas en estado de embriaguez.

El arrepentimiento confunde la mente, pero no la castiga. Mejor que ellos recuerden el placer con gratitud, como a una cosecha de verano.

Sin embargo, si en el arrepentimiento encuentran bienestar, permitid que los consuele.

Otros entre vosotros no son tan jóvenes para buscar ni tan viejos para recordar. Y en su temor por buscar o recordar rechazan todos los placeres para no descuidar su espíritu ni ofenderlo.

Pero incluso esa renuncia les brinda placer. Y así ellos también encuentran un tesoro escarbando la tierra en busca de raíces con sus manos temblorosas.

Pero dime, ¿quién es aquel que puede ofender el espíritu?, ¿podrá el ruiseñor perturbar la quietud de la noche o la luciérnaga ofender a las estrellas?, ¿y podrán tu llama o tu humo ser una molestia para el viento?

¿Es el espíritu acaso un estanque sosegado que puede perturbarse con una vara?

En ocasiones, al negarte a ti mismo placer, no haces otra cosa que acumular deseo en los recodos de tu ser. Y nadie sabe qué porción de aquello de lo que hoy se reprime resurgirá mañana.

Como un cuerpo que conoce su herencia y su legítima necesidad y por eso no será engañado, tu cuerpo es el arpa de tu alma y solo tú puedes obtener una dulce melodía de sus sonidos confusos.

Te estarás preguntando ahora: ¿Cómo distinguiré aquello que es bueno en el placer de lo que no lo es?

Ve a tus campos y jardines y allí aprenderás que el placer de la abeja es recoger miel de las flores, pero es también placer para la flor entregársela.

Porque para la abeja la flor es fuente de vida y para la flor, la abeja es una mensajera del amor.

Para ambas, abeja y flor, el dar y el recibir placer son una necesidad y un éxtasis.

Gente de Orfalese, sed en vuestro placer igual que las abejas y las flores.

Sobre la belleza

Y en esta ocasión un poeta le dijo: háblanos de la belleza.

Y él respondió:

¿Dónde buscarás la belleza y cómo podrás encontrarla a no ser que ella misma sea tu guía y tu camino?, ¿y cómo hablarás de ella a menos que teja ella misma tu discurso?

Los heridos y los agraviados dirán: «La belleza, amable y gentil.

»Como una joven madre, algo tímida ante su propia gloria, la belleza camina entre nosotros».

Los apasionados, en cambio, afirmarán: «No. La belleza es un asunto de poder y temor, como esa tempestad que sacude la tierra bajo nuestros pies y el cielo sobre nuestras cabezas».

Aquellos que están cansados y fatigados señalarán: «La belleza está hecha de murmullos. Ella habla dentro de nuestro espíritu y su voz cede ante nuestros silencios como esa luz tenue que tiembla de temor ante la amenaza de la sombra».

Y los inquietos, por su parte, manifestarán: «Hemos oído su grito entre las montañas y junto a este el sonido de los cascos, el batir de las alas y el rugido de los leones».

En las noches, los guardianes de la ciudad proclamarán: «La belleza se alzará por el este a la hora del amanecer». Y al mediodía comentarán trabajadores y viajeros: «La hemos visto reclinarse sobre la tierra desde las ventanas del crepúsculo».

En el invierno los que están aislados por la nieve anunciarán: «Vendrá con la primavera, saltando sobre las colinas».

En el calor del verano declararán los segadores: «La hemos visto danzar entre las hojas del otoño, llevando un montículo de nieve en sus cabellos».

Pero ninguno hablará en verdad de la belleza, sino de sus necesidades insatisfechas.

La belleza no es la satisfacción de una carencia sino un éxtasis. No es una boca sedienta ni una mano extendida, sino un corazón inflamado y un alma encantada.

Ella no es la imagen que verás ni la canción que escucharás, sino la imagen que ves, aun con los ojos cerrados, y la canción que oyes, aun con los oídos sordos.

Ella no es la savia bajo la rugosa corteza, ni el ala unida a una garra, sino un jardín siempre florecido y una bandada de ángeles en pleno vuelo.

Gente de Orfalese, la belleza es la vida cuando esta nos revela su rostro sagrado. Y vosotros sois la vida y también su velo.

La belleza es la eternidad mirándose al espejo y vosotros sois la eternidad y también el espejo.

Sobre la religión

Y dijo el viejo sacerdote: háblanos de religión.

Y él declaró:

¿Pero acaso he hablado en este día de otra cosa?

¿No es todo acto y todo pensamiento religión? ¿Y no lo es también aquello que no es acto, ni pensamiento, sino maravilla y sorpresa brotando en el alma, aun mientras las manos tallan la piedra o atienden el telar?

¿Quién podrá separar su fe de sus acciones o su creencia de su ocupación?

¿Quién podría desplegar sus horas ante sí mismo y decir: «Estas son para Dios, estas, para mí; a un lado están las de mi alma, al otro, las de mi cuerpo?».

Todas tus horas son alas batiendo en el espacio de una persona a otra. Y aquel que viste su moral como su más bella prenda, estaría mucho mejor desnudo, pues así el sol y el viento no harán agujeros en su piel.

Y aquel que define su conducta por medio de la ética, aprisiona el pájaro de su canto en una jaula, pues ni el más libre de los cantos atraviesa barras ni alambradas.

Aquel que hace del culto una ventana que se abre y se cierra, tiene aún que visitar la casa de su alma, aquella cuyas ventanas permanecen abiertas de un amanecer al otro.

Haz de tu vida diaria tu templo y tu religión, y cada vez que entres en él, lleva todo lo que tienes contigo.

Lleva el arado, la fragua, el mazo y el laúd y todo aquello que has forjado por placer o por necesidad. Porque ni la mayor ensoñación podrá elevarse por encima de tus obras ni caer más bajo que tus fracasos.

Y lleva contigo a todas las personas, porque en la adoración no podrás volar más alto que sus esperanzas ni inclinarte más bajo que sus desesperaciones.

Pero si quieres conocer a Dios, no será resolviendo un enigma.

Mira a tu alrededor y lo verás jugando con tus hijos. Y al mirar al cielo lo verás caminando entre las nubes, desplegándose entre los brazos del rayo y descendiendo con la lluvia.

Luego lo verás sonreír entre las flores y levantarse y agitar las manos entre las ramas de los árboles.

Sobre la muerte

En esta ocasión Almitra intervino: ahora te preguntaremos por la muerte.

Y él expresó:

Si pudieras revelar el secreto de la muerte, ¿en dónde lo hallarías sino en el corazón mismo de la vida?

La lechuza, cuya visión nocturna es ciega al resplandor del día, no puede revelar el misterio de la luz.

Si en verdad deseas penetrar en el misterio de la muerte, abre de par en par tu corazón ante el cuerpo de la vida. Porque vida y muerte son una, como el mar y el río también son uno.

En lo más profundo de tus esperanzas y deseos yace el saber silencioso del más allá y, como las semillas que dormitan bajo la nieve, sueña tu corazón con la primavera.

Ten confianza en tus sueños porque en ellos está oculto el camino a la eternidad.

Tu temor a la muerte no es otra cosa que el temblor que el pastor siente al presentarse ante el rey que le honra posando sus manos sobre él.

¿Acaso no es feliz el pastor debajo del temblor por llevar la marca del rey? ¿Y no es por eso más consciente aun de su temor?

Porque, ¿qué otra cosa es morir sino pararse desnudo ante el viento y fundirse con el sol?, ¿y qué es dejar de respirar sino liberar el aliento de sus mareas inquietas, para que pueda elevarse y, libre de ataduras, expandirse hasta encontrar a Dios?

Solo cuando bebas del río del silencio cantarás de verdad. Solo cuando alcances la cima de la montaña empezarás a escalar y cuando la tierra reclame tus miembros, entonces danzarás.

Sobre la despedida

Y entonces se hizo de noche y Almitra, la vidente, le dijo: «Bendito sea el día y el lugar en que tu espíritu ha hablado».

Y él alegó: ¿He sido yo quien habló?, ¿no he sido acaso otro oyente?

Descendió entonces por las gradas del templo y la gente del pueblo le siguió. Al llegar a su barco se paró en la cubierta, y desde allí los miró nuevamente y les dijo:

Pueblo de Orfalese, el viento me ordena que os deje, menos prisa tengo yo que el raudo viento, pero debo irme.

Nosotros, los que vagamos por el mundo en busca siempre de la ruta más solitaria, no comenzamos nunca un día donde hemos terminado el otro, y no hay amanecer que nos encuentre donde el atardecer nos ha dejado.

Viajamos aun cuando la tierra duerme. Somos como las semillas de una planta obstinada, y es en la madurez y en la plenitud del corazón que nos entregamos al viento que nos dispersa.

Breves fueron mis días entre vosotros y más breves aún las palabras que he pronunciado.

Pero si mi voz se desvanece de vuestros oídos y mi amor se vuelve tan solo un recuerdo en vuestra memoria, entonces regresaré, y con un corazón más rico y labios más dispuestos para el espíritu, hablaré de nuevo.

Sí, volveré con las mareas, y aunque la muerte me esconda y el gran silencio me envuelva, otra vez buscaré vuestra comprensión, y esa búsqueda no será en vano.

Si hay algo de verdad en todo lo que he dicho, esa verdad se revelará en una voz más clara y con palabras más cercanas a vuestros pensamientos.

Parto con el viento, gente de Orfalese, pero no hacia la nada.

Y si este día no ha colmado vuestras necesidades ni manifestado mi amor, que sea entonces la promesa de otro día.

Las carencias de un hombre pueden cambiar, pero no así su amor, ni su deseo de que ese amor satisfaga sus faltas.

Sabed, por lo tanto, que desde un silencio más grande volveré.

La niebla se dispersa al amanecer y deja solo rocío sobre el campo, luego se eleva y se hace nube para poder precipitarse en lluvia.

Yo no he sido distinto de la niebla.

En la quietud de la noche he caminado por las calles de vuestra ciudad y mi espíritu ha entrado en vuestras casas.

Los latidos de vuestros corazones entraron en el mío, y

vuestro aliento se posó sobre mi rostro y es así como os conocí y comprendí vuestras penas y glorias.

Y mientras dormíais vuestros sueños fueron también los míos, y entre vosotros a menudo fui como un lago entre montañas.

Fui el espejo de vuestras cumbres y pendientes inclinadas, e incluso del rebaño de paso que son vuestros pensamientos y deseos.

Poblaron mis silencios los torrentes de risa de vuestros niños y los ríos de vuestra juventud anhelante, y cuando llegaron a lo más profundo de mi ser, esos ríos y torrentes no pararon de cantar.

Pero aún más dulce que la risa y más grande que el anhelo, me llegó la parte de vosotros que no tiene límites.

El hombre inmenso, aquel del que somos todos un atado de tendones y de células, aquel en cuyo canto todo sonido no es más que un latido silencioso.

Es en el hombre inmenso donde cada uno es inmenso y al contemplarle a él os he visto y os he amado.

Porque, ¿qué distancias podría alcanzar el amor que no estén ya dentro de esa vasta esfera?, ¿qué visiones, expectativas y figuraciones podrían superar su vuelo?

Como un roble gigante cubierto de flores de manzano es el hombre inmenso.

Su poder nos une a la tierra, su fragancia nos eleva en el espacio, y en su durabilidad somos inmortales.

Os han dicho que, al igual que una cadena, sois tan débiles como el más débil eslabón, pero esto es solamente la mitad de la verdad, porque también sois tan fuertes como el eslabón más recio, y mediros por vuestros actos más pequeños sería como calcular la fuerza del océano a partir de la fragilidad de su espuma.

Y juzgaros por vuestras faltas sería como culpar a las estaciones por su inconstancia.

Sí, vosotros sois como el océano, y aunque pesados barcos esperan la marea alta entre vuestras playas, nadie puede apurar el curso de las aguas.

Y como las estaciones también sois, y aunque en invierno reneguéis de la primavera, ella, sin embargo, reposando, sonríe en su adormecimiento y no se ofende.

No creáis que digo estas cosas para que os digáis unos a otros: «Cuánto nos ha alabado», «ha visto solo buenas cosas en nosotros».

Yo tan solo puedo poner en palabras aquello que ya sabéis en pensamiento. ¿Y qué es el saber de las palabras más que la sombra del saber sin palabras?

Vuestro pensamiento y mis palabras son ondas de un recuerdo que guarda la memoria del ayer y de un tiempo antiguo, cuando la tierra aún no nos conocía ni se conocía a sí misma, y sus noches estaban gobernadas por la confusión.

Hombres sabios han venido a entregaros su sabiduría, yo he venido a beber de la vuestra, y aquí he encontrado algo que es más grande que el saber.

Es un espíritu de fuego, que cada vez reúne más de sí mismo, aun si vosotros, inconscientes de su expansión, lamentáis cómo se marchitan vuestros días. Se trata de la vida en busca de la vida en cuerpos que temen a su tumba.

Pero no hay tumbas aquí.

Estas montañas y llanuras son cuna y peldaño.

Cada vez que paséis por los campos en que descansan vuestros ancestros, observad bien y os veréis a vosotros mismos y a vuestros hijos bailando de la mano. Y así os alegraréis sin saberlo.

Otros han venido prometiéndoos oro en nombre de la fe que os cobija, y vosotros les habéis dado riquezas, poder y gloria.

Menos que una promesa os he dado yo, y aun así habéis sido más generosos conmigo. Me habéis dado la más profunda sed por la vida futura.

Sin duda no hay mejor regalo para un hombre que convertir todo anhelo en labios sedientos y toda vida en una fuente.

Y aquí reside mi honor y mi recompensa: siempre que vengo a la fuente a beber, me encuentro a la misma viva agua sedienta.

Y ella me bebe al tiempo que la bebo.

Algunos de vosotros han pensado que soy demasiado orgulloso o demasiado tímido para recibir regalos. Soy en verdad demasiado orgulloso para recibir dinero, pero no regalos.

He comido bayas entre las colinas aun cuando me invitasteis a compartir vuestra mesa. Y dormí bajo el pórtico del templo, aun cuando gustosamente me habríais hospedado.

¿Pero no fue acaso esa amorosa atención que tuvisteis con mis días y mis noches la que hizo que los alimentos fueran dulces a mi paladar y que cubrió mis sueños de visiones?

Por esto os bendigo especialmente: dais mucho sin saber cuánto.

En verdad, la bondad que se observa a sí misma en el espejo se convierte en piedra. Y una buena acción, que a sí misma se bautiza con nombres tiernos, engendra una maldición.

Algunos de vosotros me han llamado solitario, un ebrio enamorado de su propia soledad. Y han dicho: «Prefiere conversar con los árboles del bosque que con los hombres», «se sienta a solas en la cima de las colinas y mira desde allá arriba nuestra ciudad».

Es cierto, he habitado las colinas y deambulado por lugares remotos.

¿Pero cómo podría haberlos visto de no ser desde esas lejanías?, ¿cómo puede uno estar realmente cerca a menos que el otro esté lejos?

Hay otros entre vosotros que sin palabras me han llamado: «Extraño, extranjero, amante de alturas imposibles, ¿por qué habitas en las cumbres donde las águilas hacen sus nidos?, ¿por qué buscas lo inalcanzable?, ¿qué tormentas piensas atrapar en tu red?, ¿y qué vaporosos pájaros cazas en el cielo? Ven y sé uno de nosotros. Desciende y apacigua el hambre con nuestro pan y apaga tu sed con nuestro vino».

En la soledad de sus almas me dijeron estas cosas, pero si aquella soledad hubiera sido más profunda, habrían sabido que lo que yo buscaba era el secreto de su alegría y de su dolor, y que intentaba cazar lo más grande de su ser, aquello que camina por los cielos.

Pero el cazador fue también cazado.

Muchas de mis flechas solo dejaron mi arco para buscar mi propio pecho.

Y el que volaba por los aires también se arrastró como la enredadera. Porque cuando mis alas se extendieron al sol, su sombra se proyectó sobre la tierra como una tortuga.

Y en mi creencia fui también escéptico, porque a menudo he puesto el dedo en mi propia herida para poder creer más en vosotros y conoceros mejor.

Es con esta creencia y este conocimiento que os digo:

No estáis encerrados en vuestros cuerpos, ni confinados en vuestras casas o en vuestros campos.

Sois lo que habita por encima de las montañas y se mueve con el viento, y no lo que se arrastra buscando el calor del sol o un agujero para refugiarse.

Sois algo libre, un espíritu que envuelve la tierra y se mueve con el éter.

Pero si estas palabras son vagas, no busquéis aclararlas. Vago y nebuloso es siempre el principio de las cosas, pero no su fin. Y yo deseo que me recordéis como a un principio.

La vida y todo lo que vive ha sido concebido entre la bruma y no en la claridad del cristal. ¿Y quién sabe si el cristal más puro no es la decadencia de la niebla?

Esto quisiera que pensarais cuando me recordéis: aquello que es más fácil y turbado en cada cual es lo más fuerte y decidido.

¿Acaso no es vuestro aliento lo que construyó y endureció la estructura de vuestros huesos?

¿Y no es un sueño que ninguno recuerda haber soñado el que edificó esta ciudad y todo lo que habita en ella?

Si pudierais ver las mareas de ese aliento, dejaríais de ver todo lo demás. Y si pudierais oír el murmullo de ese sueño, no oiríais ningún otro sonido.

Pero no veis, ni oís, y eso está bien.

El velo que nubla vuestros ojos será levantado por las manos que lo hilaron, y la arcilla que tapa vuestros oídos será perforada por los mismos dedos que la amasaron.

Y entonces veréis.

Y oiréis.

Pero no lamentaréis haber conocido la ceguera ni haber estado sordos. Porque ese día conoceréis al fin el propósito oculto de las cosas y bendeciréis la oscuridad, así como bendecís la luz.

Después de decir eso, miró a su alrededor y vio al piloto

de su barco de pie junto al timón, contemplando las velas henchidas y la distancia. Y entonces dijo:

Paciente, más que paciente, es el capitán de mi navío. El viento sopla e inquietas están las velas e incluso el timón ruega por un destino.

Pero mi capitán, no obstante, espera mi silencio, y estos, mis marineros, aun oyendo el coro del océano, han tenido paciencia al escucharme.

Pero ya no deben esperar más.

Estoy listo.

La corriente ha llegado al mar y una vez más la gran madre sostiene a su hijo contra su pecho.

Adiós, pueblo de Orfalese, la jornada ha terminado, sobre nosotros se cierra como un nenúfar sobre la mañana.

Guardemos lo que aquí nos ha sido dado. Y si no es suficiente, entonces deberemos unirnos nuevamente y estar juntos para tender nuestras manos ante quien nos da.

No olvidéis que volveré a vosotros.

En un rato, mi anhelo juntará el polvo y la espuma para hacer otro cuerpo. En un rato, en un momento de descanso sobre el viento, otra mujer me sostendrá en sus brazos.

Adiós a vosotros y a la juventud que he pasado a vuestro lado. Tan solo fue ayer cuando nos encontramos en mi sueño.

Habéis cantado para mí en mi soledad y con vuestros deseos yo construí una torre entre los cielos. Pero ahora nuestro sueño ha terminado al igual que la aurora.

El mediodía se avecina y la ensoñación está expuesta a plena luz, y debemos separarnos.

Si en el crepúsculo de la memoria llegamos a encontrarnos una vez más, hablaremos de nuevo y cantaremos una canción aún más profunda.

Y si nuestras manos se encuentran en otro sueño, construiremos con ellas otra torre en el infinito.

Y diciendo esto hizo una señal a los marineros, que de inmediato levaron anclas, soltaron amarras y se movieron rumbo al este.

Y surgió un grito de entre el pueblo, como de un solo corazón, y se elevó con el crepúsculo y voló sobre el mar como un coro de trompetas.

Solo Almitra permaneció en silencio, observando el barco hasta verlo desaparecer entre la niebla. Y cuando todos los demás se dispersaron, ella permaneció junto a las murallas recordando en su corazón las palabras de él:

«En un rato, en un momento de descanso sobre el viento, otra mujer me sostendrá en sus brazos».

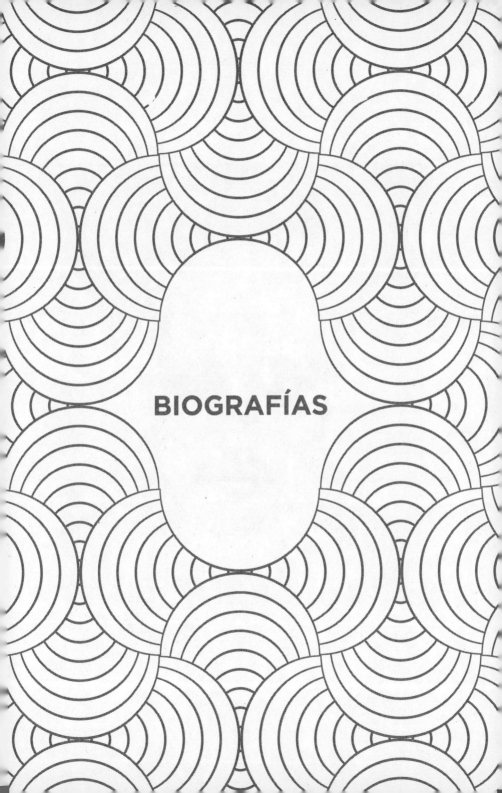

BIOGRAFÍAS

Sobre el autor

Kahlil Gibran (1883-1931), poeta, pintor, novelista y ensayista, nació en el seno de una familia de cristianos maronitas en la aldea de Bisharri, en el Líbano. A los doce años migró junto a su madre y tres hermanos a Estados Unidos, a un barrio de inmigrantes en Boston. A los quince años volvió al Líbano para estudiar en Beirut, pero a los dieciocho debió regresar a Estados Unidos tras la muerte de una hermana. El siguiente año también fallecerían su madre y otro de sus hermanos. Apoyado financieramente por su hermana restante, que trabajaba como costurera, en 1904 Gibran debutó como artista en una exposición en Boston. Poco después publicó su primer libro en árabe, una colección de ensayos sobre música que, junto con sus dos primeras novelas, le mereció cierto reconocimiento dentro de la diáspora libanesa en Estados Unidos. En 1908 conoció a la profesora Mary Haskell, quien se convertiría en su mecenas y editora en inglés durante el resto de su vida. Haskell, con quien Gibran tendría una relación turbia —se llegaron a comprometer, pero nunca se casaron—, le auspició primero un viaje a París para que estudiara arte con Auguste Rodin, y luego lo apoyó económicamente cuando Gibran decidió mudarse a Nueva York en 1911. Allí publicaría su primer libro en inglés, la colección de aforismos *El loco* (1918), y escribiría su obra cumbre, *El profeta* (1923), que tuvo un éxito inmediato y se convirtió desde entonces en uno de los libros de sabiduría espiritual más leídos en todo el mundo. Gracias al éxito de *El profeta*, traducido a más de un centenar de lenguas, se dice que Gibran es el tercer poeta más leído en el mundo, solo superado por Shakespeare y Lao-Tse. En el mundo árabe, a pesar de haber escrito buena parte de su obra en inglés, está considerado como el genio de su época. A los cuarenta y ocho años, diagnosticado con cirrosis y una tuberculosis incipiente, Gibran falleció en el hospital St. Vincent, en Nueva York.

Sobre la prologuista

Rupi Kaur (1992) es poeta, ilustradora y artista. Nació en Punjab, India, y con cuatro años emigró con su familia a Canadá, donde ahora reside. Comprometida con temas como el feminismo, el amor, la pérdida, el trauma y la curación, utiliza la poesía, la fotografía, la ilustración y otras formas artísticas para hablar de ellos. Además de escribir y crear arte, viaja por todo el mundo para dar charlas, recitales y talleres. Es autora de los libros de prosa poética *Otras maneras de usar la boca* y *El sol y sus flores*, que se han traducido a decenas de idiomas y la han consagrado como la conciencia de toda una generación.

Sobre la traductora

Andrea Cote (1981) es poeta, traductora y crítica literaria. Nacida en Colombia, sus obras han sido traducidas al inglés, francés, árabe, alemán e italiano. Es autora de los poemarios *Puerto calcinado* (2003), *La ruina que nombro* (2015), *En las praderas del fin del mundo* (2019), del ensayo *Blanca Varela y la escritura de la soledad* (2004) y de la biografía de Tina Modotti *Fotógrafa al desnudo* (2005), entre otros.

Ha obtenido el Premio Nacional de Poesía Joven de la Universidad Externado de Colombia (2002), el Premio Mundial de Poesía Joven «Puentes de Struga» otorgado por la Unesco y el Festival de Poesía de Macedonia (2005) y el Premio Città di Castrovillari al mejor libro de poesía editado por la versión en italiano de *Puerto calcinado* (2010). Culminó su doctorado en Estudios Hispánicos en la Universidad de Pennsylvania y es profesora de poesía del Máster Bilingüe en Escritura Creativa de la Universidad de Texas en El Paso.

De este libro me quedo con...

El profeta ha sido posible gracias
al trabajo de su autor, Kahlil Gibran,
así como de las traductoras Andrea Cote y Carmen G. Aragón,
la correctora, la prologuista Rupi Kaur, los diseñadores
José Ruiz-Zarco Ramos y Marga Garcia, la maquetista Toni Clapés,
la directora editorial Marcela Serras, la editora
Rocío Carmona, la asistente editorial Carolina Añaños,
y el equipo comercial, de comunicación
y marketing de Diana.

En Diana hacemos libros que fomentan
el autoconocimiento e inspiran a los lectores
en su propósito de vida. Si esta lectura te ha gustado
te invitamos a que la recomiendes y que así, entre todos,
contribuyamos a seguir expandiendo
la conciencia.